Emiliano Zapata: A Vida e o Legado do Icônico Líder da Revolução Mexicana

Por Gustavo Vázquez Lozano & Charles River Editors

Introdução

Emiliano Zapata

"É melhor morrer de pé do que viver de joelhos." Emiliano Zapata:

Há pouco mais de 100 anos, um camponês mexicano chamado Emiliano Zapata reuniu um exército rural das plantações e aldeias do sul do México, tomou as terras das fazendas e começou a distribuí-las entre os camponeses de Anenecuilco, sua cidade natal, no estado de Morelos. Indignado e impaciente com a miséria incessante dos povos indígenas nas mãos dos latifundiários, ele decidiu fazer justiça com as mãos.Sua bandeira era a Liberdade e a Justiça, opostos exatos dos dois fardos que tiranizaram a população rural: o trabalho em regime de semiescravidão e a imensa desigualdade.

Zapata, que em poucos anos reuniu um exército popular de 25.000 pessoas, foi um caso único na história do México. O passado de seu país consistia em generais oportunistas que se revoltavam contra o governo, buscando não fazer justiça, mas tomar o poder. Por outro lado, Zapata não estava interessado em política ou jogos de poder, exceto em sua forma mais prática e imediata: distribuir terras entre os camponeses; para permitir que trabalhem em paz; e para defender seus ganhos pela força das armas. Assim, era inevitável que em seu tempo, ele fosse visto como uma ameaça, alguém de quem se livrar para voltar à paz e à ordem.

Quase um século após sua morte, Zapata permanece uma figura opaca. Chamar a si mesmo de zapatista no México pode colocar uma pessoa em apuros, mas ele liderou uma das rebeliões camponesas mais estudadas pelos estudiosos.Historiadores produziram biografias que o retratam como um herói, como John Womack na década de 1960, e de seu sucessor e assessor mais próximo, Gildardo Magaña, que escreveu uma logo após a morte de Zapata. Livros mais meticulosos surgiram recentemente, como o de Samuel Brunk, que admite que a imprensa pode ter exagerado as façanhas de Zapata, mas não completamente.

Apesar dos debates, o caudilho do sul continua a brilhar por sua clareza de princípios e intransigência, por sua recusa em transigir com os poderosos e por sua recusa em ser subordinado. Ele permaneceu fiel até a morte em sua luta pelos oprimidos e sempre desprezou o poder. Com base nisso, embora certamente essa nunca tenha sido sua intenção, Zapata se tornou um símbolo internacional e, como resultado, muitos mexicanos escolheram lembrá-lo como uma das figuras mais nobres, honestas e corajosas da história de sua nação.

Emiliano Zapata:A Vida e o Legado do Icônico Líder da Revolução Mexicana narra a vida de uma das mais lendárias figuras do México.Junto com retratos de povos, de lugares, e de eventos importantes, você aprenderá sobre Emiliano Zapata como nunca antes.

Primeiros Anos

"Se você quer ser uma águia, voe; se você só quer que lhe digam o que fazer, fique de joelhos e puxe-se como um verme, mas não chore quando for pisoteado. "- Atribuído a Zapata

Local de Nascimento de Zapata

Desde pequeno, Emiliano Zapata Salazar foi um bom cavaleiro. Era o campeão em todos os concursos de jaripeo, mais alto do que o habitante médio da região, usualmente vestido com traje full charro e calça preta justa - um sinal de distinção, já que a maioria dos camponeses usava calça de algodão branco -, enormes botões de prata e um fino cavalo. Desde o início, Zapata e o cavalo foram uma única criatura mítica que ficou na imaginação das pessoas. Em fotos, ele é frequentemente visto a cavalo, geralmente segurando um rifle. Essa iconografia não é acidental. Embora Zapata tenha passado alguns anos na escola, a partir dos 9 anos, o domínio do cavalo e a caça foram as duas habilidades mais importantes que ele adquiriu de seu pai.

Zapata (à direita) e seu irmão mais velho Eufemio, vestidos à moda do charro

Não que houvesse muitas outras coisas para fazer na nativa Anenecuilco, Morelos, um pequeno estado fértil do sul do México que é ideal para o cultivo de cana-de-açúcar e tem uma longa história de conflitos por terra. Mais da metade do México é desértica ou semidesértica; mas a parte central, onde se concentrava a maior parte da população, é extremamente fértil e produtiva. Apenas uma cidade como Anenecuilco, cujo nome significa "o lugar onde a água corre", localizada a 80 quilômetros ao sul da Cidade do México, poderia ter produzido um homem como Zapata.

Durante séculos, os conflitos agrários foram uma situação constante na cidade. Anenecuilco e Morelos tinham uma longa história de haciendas conquistando terras de aldeias centenárias, revoltas camponesas e violentas repressões do governo colonial. Embora os habitantes apresentassem documentos emitidos pela coroa espanhola, escritos em nahuatl, que demonstravam a propriedade da terra, uma vez iniciada a era da agricultura comercial e do latifúndio , eles não tiveram muita chance. Aqueles que ousaram defender a terra geralmente eram exilados em Yucatan ou em alguma outra região remota do México.

Como em outras partes do país, as fazendas absorveram as terras dos camponeses de Morelos ao longo do século 19; muitos foram deixados na miséria e forçados a trabalhar como trabalhadores para o latifúndio. Em Anenecuilco, cidade natal de Zapata, esse processo foi particularmente agressivo. Por volta da época de seu nascimento, em 1879, sua aldeia acordou um dia cercada por cercas de arame que marcavam os novos limites da fazenda adjacente; não havia nem mesmo uma saída da cidade.

Por muito tempo, detalhes sobre a infância de Zapata eram inéditos, mas com o passar do tempo historiadores e testemunhos orais de quem o conhecia começaram a lançar luz sobre seus primeiros anos.Sabe-se que começou a frequentar a escola aos 7 anos, mas no máximo pode ter aprendido a escrever de forma rudimentar. Uma anedota que aparece em quase todas as suas biografias afirma que por volta daquela época, quando a expropriação de terras era massiva e violenta, o jovem Zapata encontrou seu pai chorando. Quando perguntou ao pai o que estava acontecendo, o pai respondeu que as terras de Olaque haviam sido roubadas por uma fazenda próxima. O menino respondeu com justa indignação: "Quando eu crescer, vou devolvê-los."

Embora os historiadores acreditem que a troca possa nunca ter acontecido, ela ainda contém uma verdade profunda. A educação política de Zapata ao longo de sua infância consistiu em testemunhar o crescimento das fazendas, a tomada de terras, a crueldade contra as famílias e a impotência da classe rural. A história, possivelmente gerada na tradição oral, descreve melhor do que mil palavras quem foi Zapata e o que o motivou.

Aos 16 anos, Zapata perdeu a mãe e logo depois o pai, Gabriel Zapata, que o tornou um especialista em cavalos de treinamento. Por volta da mesma época, no final do século 19, as propriedades açucareiras começaram a investir extensivamente em infraestrutura e a absorver mais terras comunais.A mecanização da produção e a expansão territorial criaram uma situação volátil, pois diminuiu a demanda por mão de obra e tornou ainda mais os camponeses destituídos. Em 1910, ano da eclosão da Revolução Mexicana, cerca de 900 proprietários de terras possuíam 2/3 das terras do país e exploravam os camponeses em condições de semi-escravidão, auxiliados pela polícia rural. A resistência era geralmente suprimida de maneira brutal e eficaz. As condições de trabalho eram tão deploráveis no sul que uma das piores punições do regime contra os oponentes foi mandá-los trabalhar e morrer nas plantações do sul.

Zapata teve problemas com as autoridades em mais de uma ocasião. Embora os detalhes não sejam claros, ele pode ter feito justiça com as próprias mãos, ou foi simplesmente que cada um de seus movimentos estava sob o olhar desconfiado de hacendados e autoridades. Com quase 20 anos, ele encontrou trabalho na fazenda de Jaltepec, no estado de Puebla, não como fazendeiro, mas como treinador de cavalos. Em 1909, aos 30 anos, graças ao zelo que demonstrara no conflito entre o povo e uma fazenda em expansão, Zapata foi nomeado presidente do conselho da aldeia de Anenecuilco, cargo mais ou menos equivalente a prefeito. O trabalho consistia em proteger os títulos de terra ancestrais das cidades e defendê-los das tentativas dos latifundiários de tomá-los.

A eleição de Zapata "foi um movimento de desespero.Os jovens foram escolhidos para liderar apenas em momentos extraordinários.A seleção de Zapata foi um sinal de que os moradores queriam um homem de ação, que pudesse fazer o que fosse necessário para garantir que Anenecuilco sobrevivesse. "(Brunk, 1995). Naquela época, os latifúndios possuíam 77% das terras de Morelos, e faltava apenas um ano para a Revolução Mexicana.

Ele estava no lugar certo na hora certa.

O Sul Cresce

"Eu estava calmo até a rosa sul."- Porfirio Díaz, ditador do México de 1884-1911

"Se não há justiça para o povo, que não haja paz para o governo."Zapata

Em 1910, foram realizadas eleições no México. O presidente Porfirio Diaz, um velho general que se cobriu de glória durante a intervenção francesa, estava no poder havia 33 anos. Durante suas três décadas como presidente do México, ele foi celebrado como o "Homem das Américas" no mundo civilizado, e o país alcançou, sem dúvida, um progresso material, mas a cascata de ordem e progresso irrigou apenas alguns campos. A riqueza estava fortemente concentrada, a infraestrutura econômica do país estava nas mãos de estrangeiros, a repressão política era tenaz e sangrenta, e a classe rural, que representava cerca de 90% da população, vivia em condições semelhantes às de Anenecuilco, cidade natal de Zapata. Essas pessoas estavam sobrecarregadas pelas atividades a serem realizadas nas fazendas, em meio a crescentes dificuldades econômicas, endividadas, reprimidas e, muitas vezes, destituídas. Muitos deles estavam prestes a se tornar bandidos como último recurso.

Diaz

Essa ordem de coisas já existia há vários anos, e a oposição a Diaz vinha crescendo há anos, então o que desencadeou a Revolução Mexicana exatamente por volta do final da primeira década do século 20? Um grupo de pesquisadores do Colégio de México citou uma queda acentuada nos preços das principais exportações mexicanas naquela década, além de vários anos de safras ruins e 10 anos de inflação sem crescimento, provocados pela má gestão da política econômica (Cerda, 1991). Para a maior parte da população, essa combinação de fatores simplesmente os deixou em uma situação desesperadora, e muitos acreditavam que sua única saída seria responder positivamente ao convite de Francisco I. Madero para iniciar uma revolução contra Porfírio Díaz em 20 de novembro de 1910.

Madero

Madero fazendo campanha em 1910

A cidade natal de Zapata vivia sua própria tragédia.No verão de 1910 uma fazenda chamada Hospital apoderou-se das terras de Anenecuilco. O administrador não apenas ameaçou expulsar o povo à força caso se atrevesse a entrar nos campos; alugou a terra, já preparada para a semeadura, a outros camponeses de outra cidade.Essa foi a gota d'água; Zapata reuniu um contingente de cerca de 80 homens armados e apareceu na fazenda para recuperar as terras à força e, assim que viram Zapata e seus homens, os guardas se dispersaram. Os administradores do Hospital Hacienda, exigiam que os moradores de Anenecuilco pagassem um aluguel pelos campos, mas eles recusaram. O próprio Zapata enviou uma carta ao presidente Porfirio Diaz, que compreendeu a gravidade da situação e recuou.

Mais gente começou a seguir o exemplo de Zapata e, no final de 1910, circulava no estado de Morelos a notícia de "um certo sujeito que mexia com o povo".(Womack, 1969). No entanto, as autoridades locais decidiram agir de forma conciliatória, não por qualquer senso de justiça - elas já estavam alarmadas com o que estava acontecendo no norte do país. A Revolução iniciada por Francisco I. Madero os pegou de surpresa, espalhando-se como um incêndio na medida em que mais e mais mexicanos exasperados se juntavam. Pior ainda, estavam vencendo batalhas e, ao contrário de outras rebeliões durante o Porfiriato, o movimento de Madero não podia ser estrangulado e nem seus líderes subornados. O México estava pronto para uma mudança.

Zapata esperou alguns meses antes de se juntar abertamente à Revolução Madero. Quando soube que havia outros levantes em Morelos, ele se encontrou com outros líderes em março de 1910, e juntos eles leram a convocação de Madero e decidiram que a causa dele também era. Díaz estava no poder há tantos anos que a maioria das pessoas nunca conheceu outro presidente na vida, nem mesmo quando crianças.

Pouco depois, Zapata teve seus primeiros confrontos com o exército federal, embora ainda não fosse o líder do levante camponês. "Os camponeses se comportaram como se estivessem em outro lugar", escreveu o historiador Samuel Brunk em sua biografia de Zapata. "Eles libertaram os prisioneiros, beberam o vinho, destruíram linhas telefônicas e telegráficas e se aproveitaram de armas, cavalos e comida. "Os rebeldes cometeram destruição, saques e estupros, então Zapata entendeu imediatamente a necessidade de impor regras muito rígidas para disciplinar os camponeses, que agiam descontroladamente devido à fúria que havia se acumulado por décadas.Zapata instruiu-os a tirar das casas apenas o que precisassem e que tinham o dever de proteger os civis. "Quanto melhor nos comportarmos, mais apoiadores e ajuda teremos entre o povo", alertou. Em outras palavras, cometer roubo ou saque era o mesmo que desobedecer a Zapata, mas a acusação de banditismo - algumas reais, algumas exageradas pela imprensa conservadora - o perseguiria por toda a vida.

Embora houvesse outros chefes importantes em Morelos, Zapata começou a se destacar como o líder natural.No mês de maio, 12.000 camponeses se juntaram a ele, e Zapata fortaleceu sua legitimidade confiscando terras de fazendeiros, dividindo-as entre os camponeses e recusando subornos ou se beneficiando. "Verifique os títulos coloniais e tire o que é legítimo do povo", foram suas palavras.Seu interesse era eminentemente local. Quando questionado pelas autoridades se era maderista - isto é, se tinha aderido à Revolução nacional - negou e disse que apenas devolvia a terra aos seus legítimos donos, às cidades ancestrais. Ele até prometeu ajudar o governo se os rebeldes do norte se aproximassem. Mas a aliança dos zapatistas com o regime de Diaz não durou muito. Quando Zapata teve a oportunidade de conhecer um homem de Madero, Juan Andrew Almazán, este lhe informou que o líder da Revolução lhe havia dado o comando do movimento no sul do país.

.

Almazán

Zapata capturou sua primeira cidade importante, Cuautla, após um longo e feroz cerco que finalmente terminou quando ele despejou gasolina no aqueduto da cidade, criando assim uma cortina de fogo que atravessou a cidade.No mesmo mês que Zapata entrou em Cuautla, Diaz renunciou e partiu para a Europa.Antes de embarcar no Ypiranga, o barco que o levaria para a França, ele exclamou: "Madero libertou o tigre, vamos ver se ele consegue controlá-lo. "Muitas pessoas acreditam que ele estava se referindo a Zapata.

Zapata entrou em Cuautla com seus camponeses carregando bandeiras da Virgem de Guadalupe, e o povo da cidade os recebeu como heróis, mas as classes urbanas estavam mais inquietas do que extasiadas. Zapata estava agora no controle de Morelos, impaciente e a menos de três dias da sede do poder nacional. O líder do Sul não tinha dúvidas sobre qual era o propósito da Revolução e o que deveria se seguir à queda do ditador: as terras deveriam ser devolvidas imediatamente às cidades. Mas Madero acredita que os procedimentos legais devem ser observados.

Uma foto de Zapata posando em Cuernavaca com um rifle, espada e uma faixa cerimonial no peito

Desde o início, o encontro inicial entre os dois traria a primeira grande decepção de Zapata. Díaz foi substituído por um presidente interino, Francisco León de la Barra, enquanto uma nova eleição era organizada, mas de la Barra era um verdadeiro representante do antigo status quo, enquanto Madero era o homem do momento. Nunca houve qualquer dúvida de quem seria o próximo verdadeiro líder do México.

Francisco León de la Barra

O líder da Revolução triunfante chegou à Cidade do México para governar de lá, e mais de 100.000 apoiadores o aplaudiram como seu salvador na estação ferroviária da Cidade do México em 7 de junho de 1911. Naturalmente, Zapata estava lá também.Madero era um homem baixo, nervoso, gentil, de constituição frágil, e cumprimentou Zapata com rapidez. Ele tinha ouvido rumores de que o exército de Zapata era um exército de "bárbaros", mas expressou seu sincero apreço pela contribuição do general sulista para a vitória.

No dia seguinte, Madero recebeu Zapato em sua casa na Cidade do México e, após perguntar a ele sobre o número de soldados sob seu comando, Madero disse a Zapata que não iria mais precisar deles. Na opinião de Madero, desde o fim da Revolução, os camponeses deveriam entregar suas armas. Zapata ardeu com justa indignação; tentando manter a calma, disse que não confiava no exército federal, que ainda estava no local, e avisou Madero que suas forças não entregariam as armas até que o novo líder cumprisse as promessas da Revolução, devolvendo as terras aos camponeses. "Não, general", respondeu Madero."Já passou o tempo em que eram necessárias armas, agora a luta vai ser em um outro campo. A Revolução precisa garantir a ordem, respeitar a propriedade ".

Zapata, taciturno e pouco dado à diplomacia, levantou-se sem largar o rifle que carregava e que, segundo testemunhas oculares, manteve perto dele mesmo durante a refeição. Zapata acenou com a cabeça na direção do relógio de ouro que Madero estava usando e perguntou-lhe: "Olha, Sr. Madero; se eu, aproveitando o fato de que estou carregando uma arma, tire seu relógio de ouro e guarde-o para mim, e depois por enquanto nos encontramos, ambos armados e com igual força, você teria o direito de exigir que eu devolva para você? "Madero pareceu surpreso com a pergunta. "Claro, general, e eu teria até o direito de pedir uma indenização pelo tempo que você usou indevidamente!", Respondeu ele.Zapata deu um passo à frente. "Foi exatamente isso que aconteceu conosco no estado de Morelos", disse o líder camponês. "Alguns hacendados tomaram à força as terras das cidades. Os meus soldados, os camponeses armados e o povo exigem-me que vos diga, com todo o respeito, que a restituição das suas terras seja efetuada imediatamente."

Madero cometeu o erro de dizer a Zapata que, em troca de seus serviços, ele tentaria "garantir que fosse devidamente recompensado para que pudesse adquirir um bom rancho". Desta vez Zapata não escondeu sua indignação e bateu no chão com seu rifle, falando tão alto que todos podiam ouvi-lo. "Senhor Madero, não entrei na Revolução para me tornar latifundiário; se eu valho alguma coisa, é pela confiança que os camponeses depositaram em mim, porque têm fé em mim, porque acreditam que cumpriremos o que foi oferecido a eles; e se abandonarmos as pessoas que fizeram a revolução, eles tomarão suas armas novamente. "

Uma foto de Madero e Zapata cavalgando juntos em Cuernavaca

Pressionado pelo presidente provisório De la Barra, Madero fez uma visita a Morelos, estado sob controle zapatista, para avaliar pessoalmente a situação. Madero insistiu com Zapata que a questão da terra era extremamente complexa e que deveria ser resolvida de acordo com a lei. Zapata manteve-se impassível quanto à imediata restituição das terras, mas Madero manteve-se firme na legalidade e no discurso de ordem, ressaltando mais uma vez que tudo deve ser feito respeitando os direitos de propriedade. Zapata era um revolucionário que sabia que a lei nunca favoreceria os fracos sem voz, enquanto Madero percebia que Zapata era particularmente odiado pelos hacendados e que as classes urbanas desconfiavam muito de suas tropas. Camponeses sem terra de Morelos, migrantes rurais de outros estados do sul e até descendentes de escravos negros que não eram inteiramente livres nas fazendas haviam se juntado ao Exército Libertador do Sul, o que os enervou.

Os grandes proprietários de terras prometeram a Madero que empregariam 7.000 camponeses, desde que ele se desfizesse de "Zapata e seus bandidos. Essas pessoas acreditaram em si mesmas 'a classe que pensa, sente e ama'. Eles se sentiram ameaçados e intimidados pelas 'massas inconscientes' com seus 'apetites desregrados' que a Revolução despertou, e eles deixaram Madero saber disso. "(Brunk, 1995). Os jornais da Cidade do México o chamaram de "o Átila do Sul" e o acusaram de estuprar mulheres, manter um harém e cometer todo tipo de atrocidades. "Não reconheço mais governo do que minhas pistolas", teria declarado ele.

Para surpresa de todos, Zapata aceitou a ordem de Madero de se apresentar na Cidade do

México para responder às acusações contra ele. Com relutância, o líder camponês iniciou a descida das montanhas à capital e se hospedou no Hotel Coliseo, onde pediu um quarto, bombeou o rifle vazio no chão de mármore sem se preocupar em pegar os cartuchos vazios e subiu ruidosamente. À noite, saiu com seus companheiros para jantar em um restaurante no centro da cidade, onde foi rapidamente cercado pela imprensa, ansioso para entrevistar o famoso Átila do Sul. "Não somos ogros que comem bebês crus", rosnou Zapata.

O governo interino dedicou todos os seus esforços ao licenciamento das tropas de Zapata, um plano pelo qual Zapata teria permissão para manter apenas alguns guardas. Ele temia que as pessoas das fazendas de Morelos estivessem estocando armas para recuperar as terras, e ficou claro para ele que a Revolução para derrubar Díaz tinha assuntos mais urgentes do que a reforma agrária.

Nem todas as forças de Zapata renderam suas armas. Em agosto de 1911, o governo provisório de Leon de la Barra, que se referia a Zapata como um "bandido", anunciou que uma divisão do exército seria enviada a Morelos para desarmar os zapatistas. Acusações foram feitas contra o líder e sua prisão foi ordenada. Zapata tornou-se um fugitivo e, em certa ocasião, quase foi capturado pelo exército na fazenda onde se escondia; ele mal conseguiu escapar escalando a parede do fundo, e de lá ele vagou pelas montanhas em um burro, mal sobrevivendo.

Uma Revolução Camponesa

Foto de Zapata e sua equipe

"Algumas centenas de latifundiários monopolizaram todas as terras de trabalho da República; ano após ano, aumentaram seus domínios e, para isso, tiveram de privar as cidades de seus ejidos ou campos comunais. Há cidades (...) em que falta até a terra necessária para jogar lixo. Não haverá paz no México até que o Plano de Ayala seja elevado à categoria de lei ou preceito constitucional ".- Trecho de uma carta de Zapata ao presidente dos EUA, Woodrow Wilson, 1914

Nas eleições de outubro de 1911, Madero conquistou a presidência por esmagadora maioria e, em Morelos, a classe revolucionária também conquistou alguns cargos políticos, dando a Zapata uma trégua temporária. No entanto, os defensores do status quo continuaram a torcer o braço de Madero e exigiram dele a liquidação total dos bandidos do sul. De fato, quando assumiu o cargo, Madero assumiu uma posição mais rígida e conservadora do que a que exibira como candidato revolucionário e presidencial, e deu um ultimato a Zapata. Agora, ele exigia capitulação sem condições, e que Zapata baixasse as armas em troca de ajuda para ser exilado em segurança em Cuba.A distribuição de terras seria feita sem violar a lei, por meio de negociações e julgamentos. O máximo que Madero prometeu no documento sobre as condições de rendição de Zapata foi "uma lei agrária que visa melhorar a condição dos trabalhadores rurais".

Em resposta a este insulto, Zapata começou a reunir suas forças novamente. Sabendo que um ataque era iminente, ele voltou para as montanhas e, ao longo de sua longa marcha, seu exército continuamente acrescentou mais camponeses. Sua lenda começou a tomar forma e ele foi amplamente considerado um herói popular entre o povo que permaneceu um bandido aos olhos da imprensa nacional e internacional. Em 1912, o North American Review , com uma compreensão pobre da situação do interior do México, escreveu sobre o México: "Em várias partes do país havia bandos desordenados de homens armados cometendo numerosas depredações. Esses homens haviam se levantado à sombra da Revolução Maderista e, no seu fim, em vez de depor as armas, se dedicaram a saquear fazendas e cidades isoladas desorganizadas. Desses bandidos - pois não eram nem mais nem menos, como quer que se chamem ou se chamem agora - o mais formidável era Emiliano Zapata ".

Finalmente, Madero enviou o exército contra Zapata."Parecia que a Presidência da República havia mudado o senhor Madero, já que seu pensamento era diametralmente oposto ao do líder revolucionário; agora pretendia que o general Zapata se rendesse e esquecesse seus deveres de líder revolucionário, latifundiário e homem, em troca de uma vida de conforto, que teria enterrado seu prestígio ", escreveu Gildardo Magaña, um dos assessores mais próximos de Zapata, em suas memórias.

Após as primeiras escaramuças com o exército, ainda havia uma última tentativa de negociação.Indignado, Zapata disse aos enviados de Madero que ele tinha sido o apoiador mais leal de Madero, mas nada mais. "Madero me traiu, o povo de Morelos e a toda a nação", disse ele." A maioria de seus apoiadores são presos ou perseguidos e ninguém mais acredita nele porque ele quebrou todas as suas promessas. "Quando os delegados lhe perguntaram que resposta deveriam dar a Madero, Zapata respondeu: "Diga-lhe que ele pode começar a contar os dias - em um mês estarei na Cidade do México com vinte mil homens e terei o prazer de ir para Chapultepec (a mansão presidencial), leve-o para fora e pendure-o em uma das árvores mais altas da floresta (circundante). "

Em novembro de 1911, Zapata rompeu com o governo Madero e, com isso, o movimento zapatismo começou para valer. Escondido nas montanhas perto da aldeia de Miquetzingo, Zapata e o professor rural Otilio Montaño escreveram o Plano de Ayala, a pedra angular do que viria a ser conhecido como o credo zapatista. John Womack, autor de uma das melhores biografias de Zapata, chamou-a de "escritura sagrada" do movimento.

Montaño

Manuscrito do plano de Zapata

O plano convocava o povo a voltar a pegar em armas e a continuar a Revolução, por aquilo que entendeu como uma traição aos ideais de luta. Afirmava que Francisco I. Madero, "por falta de integridade e da maior fraqueza, não teve um final feliz a Revolução que gloriosamente iniciou com a ajuda de Deus e do povo", e acusou-o de "calar a boca e se afogar sangue, com a força bruta das baionetas, o povo que pede, pede ou exige dele o cumprimento das promessas da Revolução, chamando-os de bandidos e rebeldes ". O Plano de Ayala rotulava Madero de inepto para seus deveres presidenciais e incapaz de cumprir as promessas da Revolução. Em seguida, condenou o uso de quaisquer medidas moderadas que pudessem atrasar a justiça: "No que diz respeito aos campos, madeira e água que os proprietários, os cientistas (o gabinete) e os patrões usurparam, as pessoas ou cidadãos que têm os títulos correspondentes a essas propriedades entrarão imediatamente na posse dos bens imóveis dos quais foram espoliados pela má-fé dos nossos opressores ".

Em seu artigo sétimo, o Plano de Ayala também reconheceu a situação da maioria da população do país. "Em virtude do fato de que a imensa maioria das cidades e dos cidadãos mexicanos são donos de nada mais do que a terra sobre as quais pisam, sofrendo os horrores da pobreza sem poderem melhorar sua condição social de forma alguma, nem se dedicar à indústria ou agricultura, porque terras, madeira e água são monopolizados em poucas mãos, por isso será expropriada a terceira parte desses monopólios dos poderosos proprietários deles, com prévia indenização, a fim de que as cidades e os cidadãos do México possam obter ejidos, colônias e fundações ou campos para semear. "O documento também advertia "os proprietários, cientistas, ou patrões que se opõem ao presente plano, direta ou indiretamente, que seus bens serão nacionalizados e os dois terços das partes que (de outra forma seriam) pertencentes a eles, irão para indenizações de guerra, pensões para viúvas e órfãos. "

O documento, assinado em 25 de novembro de 1911, resumia seu espírito com a fórmula "Justiça e Direito", que em revisão posterior foi alterada para "Terra e Liberdade". Gildardo Magaña, que estava presente naquele dia, lembrou: "Aquele ponto solitário nas montanhas foi transformado em um animado acampamento revolucionário, onde uma multidão de homens - seus peitos atravessados por cananas, meio cheios de cartuchos, e a carabina ainda cheirando de pólvora em suas mãos calejadas e bronzeadas - amontoados em um grupo heterogêneo, comentando sobre os acontecimentos recentes e se perguntando sobre o propósito daquele encontro, que todos sentiam que era importante. Dentro de uma cabana que servia de abrigo, o general Zapata e o professor Montaño conversavam sobre coisas que os forasteiros não podiam ouvir, apesar do desejo e da curiosidade. Por fim, o primeiro, sempre sério em meio a sua bondade, parado na porta da cabana, disse: 'Aqueles que não têm medo, venham assinar! E depois Montaño, de pé junto a uma mesa de madeira, pequena e rústica, que o povo de Ayoxustla ainda conserva como relíquia histórica, com a sua voz áspera e grossa e sua maneira de falar própria de um professor de cidade pequena, lia o Plano de Ayala.Todos os presentes receberam o documento com entusiasmo transbordante, e os chefes e funcionários assinaram-no com entusiasmo. "(Magaña, 2014).

Magaña

O Plano de Ayala atraiu enorme apoio para Zapata e suas tropas entre a classe camponesa. Seus homens agora eram chamados de Exército de Libertação do Sul e começou a atrair mais recrutas. O plano deu a Zapata a legitimidade necessária e foi visto como um esforço consciente para fazer o público reexaminar a imagem negativa que a imprensa havia criado para ele. Zapata passou a ter um programa social progressista, e a maior virtude do plano era "canalizar com simplicidade as preocupações do camponês e a tenacidade com que Zapata o defendeu ao longo de sua vida" (Ulloa, 1998).

O programa foi adotado em outros estados do centro e norte do México, como San Luis Potosí e até Chihuahua.Em 1913, um golpe de estado depôs e matou o presidente Madero, mas Zapata simplesmente modificou o plano para dirigir a luta contra o novo governante, o general Victoriano Huerta.

Huerta

Houve revoltas em todo o país após o assassinato de Madero, mas Zapata era o líder indiscutível no sul. No início de 1914, o Exército de Libertação do Sul controlava grande parte do sul do México e permanecia perto das fronteiras da capital do país, onde as pessoas entraram em pânico.Supostamente às portas da cidade, Zapata enviou um comunicado, que foi distribuído entre os mercadores e algumas personalidades ilustres. Nela, anunciava que colocaria os pés na Cidade do México para enforcar o usurpador Victoriano Huerta: "Em um conselho de guerra, foi decidido tomar a Cidade do México de fogo e espada. Justiça drástica será feita a todos os inimigos, os responsáveis por crimes executados pelas autoridades militares. A propriedade dos condenados será confiscada e aplicada em apoio ao exército. Todos os oficiais e comandantes do chamado exército federal serão executados sem julgamento, pois são os únicos que sustentam o usurpador. Se eles se renderem antes de serem capturados e não forem culpados de outros crimes, eles serão perdoados. Os traidores Huerta e Blanquet serão degradados após um curto julgamento e enforcados nas varandas do Palácio Nacional como advertência geral. Os membros restantes do gabinete serão fuzilados após um julgamento sumário. A vida e os interesses dos estrangeiros serão respeitados se forem neutros. Cinco dias serão dados aos habitantes da Cidade do México que desejam evitar os horrores da guerra e partir da cidade. "

O exército federal de Huerta respondeu com brutalidade, destruindo todos os locais de habitação considerados como esconderijos rebeldes.Mulheres e crianças foram enviadas para cidades guardadas por federais, aldeias foram queimadas e nem cabanas, sendo que nem as fazendas foram poupadas. Após a destruição, muitas dessas atrocidades foram posteriormente atribuídas a Zapata. Anita Brenner, que testemunhou a Revolução Mexicana quando criança e mais tarde escreveu um dos primeiros relatos sobre ela, deixou esta descrição vívida dos zapatistas: "Eles eram um exército camponês giratório, baseado em suas próprias casas. Os soldados voltavam de vez em quando para cuidar das plantações de milho e pimenta. Um destacamento poderia muitas vezes, se em um local militar ruim, simplesmente evaporar, cada homem se tornando novamente um camponês de olhos suaves e fala vaga, simplesmente tirando o cartucho do cinto e colocando-o junto com a arma em um esconderijo. Era impossível derrotá-los, difícil até mesmo encontrá-los, pois só se materializavam quando estavam prontos para atacar; e conhecia, além disso, todos os atalhos em seu país montanhoso. Eles vestiam um branco camponês comum, exceto os chefes que se vestiam com roupas de rancheiros; no caso de Zapata, simbólico, teatral, preto morto, colante à pele e enfeitado com prata surpreendente. O primeiro ato de cavalgar em uma fazenda ou centro municipal foi nítido e simbólico: eles foram até o cofre e destruíram todos os papéis que tratavam de títulos de propriedade, e então convidaram os camponeses da vizinhança a se apropriarem das terras das fazendas. "(Brenner, 1943) A primeira distribuição de terras pelo Exército de Libertação do Sul ocorreu no estado de Puebla em 1912.Para Zapata, não havia necessidade de esperar.

Quase desde o início do levante, vários professores e intelectuais rurais cercaram Zapata. Entre eles estava o professor Otilio Montaño, que ouviu de seu chefe as ideias do Plano de Ayala e as escreveu. Antonio Díaz Soto y Gama era um anarquista, orador incendiário e ativista político que esteve na prisão durante a ditadura.Paulino Martinez era um velho jornalista socialista que também se opôs ao general Porfirio Diaz. Juntos, eles e outros intelectuais transformaram o zapatismo na ala mais radical da Revolução, voltada para a justiça social.

Pancho Villa

Movimento semelhante ao de Zapata, também formado por camponeses, mas ainda maior em tamanho, foi liderado por Francisco "Pancho" Villa, que à frente de sua Divisão do Norte tomava conta do norte do país e avançava incessantemente para a Cidade do México. No entanto, ao contrário de Zapata, Villa não estava tão interessado em ideologia. "O radicalismo foi mais decisivo nos intelectuais zapatistas", disse o historiador austríaco Friedrich Katz em 1991, um dos estudiosos mais ilustres da Revolução Mexicana."Muitos (...) viam Zapata e seu movimento como o mais radical, aquele que queria fazer as mudanças mais profundas na estrutura social do México. Isso os atraiu para o Zapatismo. Outro fator importante era que Emiliano Zapata respeitava os intelectuais, não tinha ideias anti-intelectuais, ao contrário de outros revolucionários. ”

Uma foto de Pancho Villa usando bandoleiras em frente a um campo de insurgentes

Como muitos outros grandes personagens, as origens de Pancho Villa são envoltas em mistério, veladas por lendas, impregnadas de tradição e difíceis de substanciar.Várias cidades do México disputam sua cidade natal. Os historiadores têm diferentes teorias sobre seu nome real, o tipo de vida que ele levava antes de entrar no estrelato e por que um menino chamado Doroteo decidiu mudar seu nome para Pancho Villa. As incertezas também cercam o nome de "Pancho Villa". Era o nome de um bandido famoso ou do avô paterno? Todas as discrepâncias só servem para aumentar seu apelo na imaginação mexicana.

A reconstrução mais aceita é que por volta de 1878, um menino chamado Doroteo Arango Arámbula nasceu na pobreza abjeta em Rancho de la Coyotada, um vilarejo insignificante de não mais que seis casas, dentro da fazenda de Santa Isabel de Berros, no estado de Durango.

O pai da criança se chamava Agustín Arango, filho ilegítimo de um Jesús Villa. A morte ou abandono de Arango deixou a família na miséria.Assim, Doroteo, o mais velho de cinco filhos, teve que trabalhar na fazenda. Muitos anos depois, quando já era uma celebridade, Pancho Villa revelou a The New York Times que não tinha frequentado um único dia de aula. Ele se levantava às três horas da manhã porque tinha que caminhar dezesseis quilômetros para chegar ao trabalho, e o superintendente exigia que trabalhassem às cinco. O jovem plantou milho e fez várias tarefas. Segundo depoimentos da época, ele era um menino atarracado e alegre, que gostava de jogar cartas e sempre se metia em brigas.

A história conta que o dono do imóvel queria exercer o "direito do senhor" sobre a irmã de Doroteo, uma jovem de beleza marcante. Furioso, o jovem Doroteo defendeu a honra da família e matou o fazendeiro, tornando-se um fugitivo com um prêmio pela cabeça. Notícias de jornais antigos, muito mais próximos da época, dizem que o potencial estuprador era um soldado, e que a cena aconteceu em Chihuahua, quando o menino tinha 18 anos. Depois de matar o agressor de sua irmã, Doroteo fugiu para as montanhas do norte do México, juntou-se a um grupo de bandidos e mudou seu nome para Pancho Villa.

Por que ele escolheu esse nome em particular? Ele mesmo tinha diferentes histórias para contar. Diz-se que foi o nome do chefe dos bandidos que lhe deu abrigo, e que o menino o adotou quando o líder morreu. Mas também é possível que Doroteo reivindicasse o sobrenome do avô paterno por reconhecimento, vingança e justiça.

Eventualmente, Villa tornou-se o líder de sua própria gangue, e os camponeses o protegeram, avisando-o da localização dos rurales e até oferecendo-lhe comida e abrigo. Quando era muito arriscado dormir em uma casa, ele se escondia nas cavernas. A fama se espalhou sobre sua habilidade de escorregar e desviar dos soldados, que passaram anos tentando colocá-lo contra a parede para atirar nele. Villa e seus 40 ou 50 homens estavam envolvidos em derrubar fazendas e roubar gado. Todos eles eram guerrilheiros treinados, crescidos nas montanhas, prontos para matar, mas não os pobres. Já se sabia que Pancho Villa nunca ergueu o braço contra um humilde fazendeiro ou uma família indefesa. Pelo contrário, ele compartilhou seu saque com eles. Uma história da época diz que ao saber da pobreza dos trabalhadores de uma fazenda em Chihuahua, ele chegou com seus homens, saqueou a Casa Principal e distribuiu dinheiro e bens entre o povo. Ele também dirigiu suas armas contra homens poderosos que tinham boas relações com o governo.

Segundo o próprio Villa, houve intervalos em que ele deixou o banditismo para levar uma vida honesta e cuidar de seu negócio, um açougue na cidade de Chihuahua, mas isso parece improvável, pois havia uma recompensa de dez mil pesos de ouro em a sua cabeça. De acordo com o jornalista americano John Reed, que testemunhou a Revolução Mexicana, as atrocidades de Villa eram constantes. Ele era conhecido como "O Tigre" por sua ferocidade e mudanças de humor imprevisíveis. Vários ataques foram organizados para capturar o perigoso ladrão, mas todos falharam. Enquanto isso, Villa aprendeu a arte da fuga, ele memorizou as intrincadas trilhas da montanha e se tornou um cavaleiro habilidoso. Suas incursões cobriram centenas de quilômetros quadrados. Ele às vezes tentava a morte, andando desacompanhado pelas ruas de

Chihuahua, mesmo sabendo que era o homem mais procurado do norte do México, mas as pessoas não diziam nada porque sabiam que Villa era amigável e distribuía seu dinheiro entre os pobres. Muitos anos depois, Pancho admitiu que foi graças a todos esses anônimos que os rurales nunca o capturaram.

Para que não se diga que Villa era um covarde, deve-se dizer que às vezes ele mostrava o rosto. Uma história circulou oralmente nos dias da Revolução, os fatos ocorrendo pouco antes da eclosão da guerra civil mexicana.Um certo chefe de polícia, irritado com o fracasso dos camponeses em capturar o malfeitor, com raiva jurou que ele próprio iria buscar Villa.Villa soube da ameaça e escreveu ao cacique, dizendo que não precisava procurá-lo, pois ele, Villa, desceria para Chihuahua. Ele montou seu cavalo, foi para a cidade à noite e esperou do lado de fora da delegacia de polícia onde os dois homens se encontraram. Villa atraiu tão rápido quanto um raio, matou o homem e cavalgou de volta para suas montanhas, ileso.

Ansioso por vingar o assassinato de seu benfeitor e, especialmente, por punir Huerta, o "Chacal", Pancho Villa cruzou a fronteira de volta para o México em uma noite chuvosa de março de 1913. "Naquela noite", lembrou Villa, "eu tinha oito homens comigo, não tínhamos um plano definido, mas decidimos ir para meus antigos refúgios nas montanhas de Sierra Madre, onde eu sabia que poderia encontrar homens para me seguir.Tínhamos um saco de farinha, dois pacotes pequenos de café e um pouco de sal. Era todo o nosso suprimento de comida. Claro, estávamos todos armados, mas tínhamos pouca munição. "Eles começaram a emboscar o exército de Huerta, e Villa e seus homens receberam munição e armas. "Eu disse a eles que o inimigo tinha essas coisas e que devemos tirá-las dele", disse Villa ao El Paso Herald em 1913.

Na semana seguinte, ele já tinha cem homens. Poucos meses depois, seu exército popular somava mais de 18.000 soldados, trinta armas e várias metralhadoras. Batalha após batalha, ele assumiu o controle de todo o norte do México. Ele foi implacável com os prisioneiros de guerra, cuja vida ele poupou apenas ocasionalmente, quando seu tenente, Felipe Ángeles, interveio, mas ele também mostrou que tinha uma consciência social. Em 1913, ele se tornou governador de Chihuahua por apenas dois meses, mas nessas oito semanas expropriou propriedades para os ricos, confiscou ouro dos bancos e estabeleceu pesados impostos para a classe alta. Ele também abriu várias escolas, emitiu leis para proteger as viúvas e órfãos, promulgou ordens para baixar o preço da carne, leite e pão e prometeu a seus soldados e famílias que distribuiria as terras no triunfo da Revolução. No dia de Natal, ele reuniu todos os pobres de Chihuahua e deu 15 pesos a cada um. Ele enviou seus soldados para patrulhar as ruas, avisando-os de que atiraria em qualquer um que ficasse bêbado ou cometesse roubo. Ao contrário da imagem popular, ele abominava o álcool e o vício. Na verdade, uma das primeiras coisas que ele fez depois de tomar uma cidade, foi derramar litros e litros de álcool nas ruas para evitar que seus soldados caíssem em tentação.

Felipe Ángeles

O governador Villa não estava realmente interessado em exercer seu poder atrás de uma mesa. Em janeiro de 1914, ele deixou o governo e, dois meses depois, iniciou sua marcha para o sul, para a Cidade do México, onde o traidor Huerta ainda estava sentado na cadeira presidencial. Enquanto isso, seu exército continuou a atrair voluntários. Suas conquistas eram imparáveis, e outros grandes generais da revolução começaram a vê-lo com medo e inquietação. Os homens que seguiram Villa também sentiram a mesma mistura de admiração e medo, mas foram encorajados por sua vontade de recompensar aqueles que eram leais a ele. Nas cidades por onde passaram, lendas foram tecidas em torno do Centauro do Norte, como agora era chamado, e histórias fantásticas foram contadas sobre suas façanhas. À noite, os "Dourados" inventaram livremente corridos sobre seu general em frente ao fogo.

A poderosa Divisão do Norte estava longe de ser uma turba analfabeta de camponeses sem estratégia. "Em Torreón Villa usou pela primeira vez uma estratégia que se tornou sua marca de luta, que consistia em ataques contínuos de infantaria frontal maciça, dia e noite, apoiados por cargas de cavalaria. Para manter esse ritmo, as tropas de Villa na frente foram continuamente substituídas por novas tropas vindas de trás, não deixando tempo para os defensores descansarem e reavaliarem a situação "(Quintana, 2012).

Além disso, Villa tinha um departamento de relações exteriores encarregado de George Carothers, enviado especial do presidente Woodrow Wilson. Ele também tinha um comitê financeiro que estava em contato com grandes proprietários de terras e cidadãos americanos, interessados em saber quem seria o vencedor daquele confronto. Como conselheiro político, ele teve Felipe Ángeles, um soldado de carreira que moderou as aspirações às vezes excessivamente liberais de Villa. "De qualquer forma", o The Washington Times relatou, em janeiro de 1914, "é um fato bem estabelecido que ele agora está empreendendo uma campanha de guerra moderna e humana."

O jornalista John Reed, uma testemunha ocular da marcha dos Dourados, escreveu sobre a Divisão Norte,

> "Villa é sem dúvida o maior líder que o México já teve.Seu método de luta é surpreendentemente parecido com o de Napoleão. Sigilo, rapidez de movimento, a adaptação de seus planos ao caráter do país e de seus soldados, o valor das relações íntimas com os soldados rasos e de construir uma tradição entre o inimigo de que seu exército é invencível, e que ele mesmo leva uma vida encantada. É provável que Villa não saiba muito sobre essas coisas (teoria militar).Mas ele sabe que os guerrilheiros não podem ser conduzidos cegamente em pelotões ao redor do campo em passo perfeito, que os homens que lutam individualmente e por sua própria vontade são mais corajosos do que longas fileiras de voleio nas trincheiras, amarradas a ele por oficiais com a parte plana de seus espadas. E onde a luta é mais feroz, quando uma turba esfarrapada de homens marrons ferozes com bombas manuais e rifles correm pelas ruas varridas por balas de uma cidade emboscada, Villa está entre eles, como qualquer soldado comum.

> "Até aquele dia, os exércitos mexicanos sempre levaram consigo centenas de mulheres e crianças dos soldados; Villa foi o primeiro homem a pensar em marchas rápidas e forçadas de corpos de cavalaria, deixando suas mulheres para trás. Até sua época, nenhum exército mexicano havia abandonado sua base; ela sempre se agarrou à ferrovia e aos trens de abastecimento. Mas Villa aterrorizou o inimigo ao abandonar seus trens e lançar todo o seu exército efetivo ao campo. Ele inventou no México a forma mais desmoralizante de batalha - o ataque noturno. "

A Perseguição

"Quero morrer escravo dos princípios.Não para os homens. "Zapata

Em 1914, assolado por ataques em todas as frentes, Huerta foi finalmente forçado a se render e fugir do país, e no final do ano o México pertencia a dois homens: Pancho Villa e Emiliano Zapata. Os exércitos vitoriosos do norte e do sul entraram na Cidade do México quase simultaneamente, e os observadores observaram atentamente para ver o que aconteceria com o primeiro encontro entre os dois ícones da Revolução. Eles lutariam entre si pelo poder ou simpatizariam com a causa uns dos outros?

Militarmente, Villa era muito mais poderoso. Sua Divisão Norte somava mais de 50.000 homens, todos pagos e a maioria a cavalo. Graças ao Exército de Villa houve a mudança de hospitais, que tinham capacidade para atender mais de mil feridos, além de médicos voluntários, mexicanos e estrangeiros. Foi uma força brutal para a época, o maior exército revolucionário da história das Américas (Katz, 1988). Mas Villa, dos distantes estados do norte, sabia sobre Zapata e também era um camponês, então ele abraçou o movimento de Zapata.

Os dois símbolos da Revolução Mexicana se encontraram apenas uma vez, pouco depois de se mudarem para a Cidade do México. O exército de Zapata entrou na capital no final de novembro, e as pessoas entraram em pânico ao saber que os "bárbaros" do sul estavam às portas e que a polícia local havia sido dissolvida. Quando os homens de Zapata entraram na cidade, grandes multidões começaram a se formar em frente ao Palácio Nacional, gritando "Para as lojas de armas! "Não há polícia! "Os estudantes da cidade se armaram para defender a cidade de Zapata, mas as "hordas bárbaras" e o próprio homem restauraram a ordem e salvaram a cidade da anarquia. Os humildes camponeses em armas tomaram a capital pacificamente, e alguns deles até pediram comida de casa em casa.

Dias depois, Villa chegou às portas da cidade.Vindo do norte, ele colocou seus homens em Chapultepec, perto do famoso castelo onde moravam os presidentes do México desde os tempos do imperador Maximiliano. Os representantes de ambos os exércitos concordaram em um encontro histórico e único entre Villa e Zapata em Xochimilco, hoje um distrito ao sul da Grande Cidade do México, mas naquela época uma cidade próxima.

Zapata e Villa se cumprimentaram calorosamente e se abraçaram. Eles se sentaram com seus homens à mesa para desfrutar de uma refeição composta de peru, tamales e feijão com epazote. Ao contrário de tantos generais que se levantaram em armas no passado, nenhum desses homens estava interessado em se tornar presidente do México. Villa ofereceu seu apoio ao Plano de Ayala - em parte porque gostava e em parte porque ele próprio não tinha uma ideologia definida - e os dois generais concordaram que colocariam alguém que executaria seu programa no comando do país. Do contrário, eles teriam poder suficiente para cuidar dele.

Uma secretária que esteve presente na refeição captou para a posteridade o diálogo entre os dois líderes:

Villa: Não quero cargos de governo porque não sei "lidar" (com questões burocráticas). Vamos ver como podemos encontrar essas pessoas (as certas).Só vamos pedir a eles que não nos dêem dores de cabeça.

Zapata: Por isso, alerto todos esses amigos para terem muito cuidado, senão o facão vai cair na cabeça deles. (Risos.) Bem, eu sei que não seremos enganados. Temos nos limitado a pastorear, a vigiá-los de perto, a cuidar deles, por um lado, e também a mantê-los quietos.

Villa: Compreendo muito bem que nós, os homens ignorantes, fazemos a guerra, e os gabinetes têm de se aproveitar de nós; contanto que eles não nos causem mais problemas.

Zapata: Os homens que mais trabalham são os que menos deveriam aproveitar as calçadas (os luxos). Não vejo mais do que calçadas (aqui). E digo por mim: quando ando na calçada, fico tonta e com vontade de cair.

Villa: Esta fazenda (Cidade do México) é muito grande para nós; é muito melhor lá fora. Assim que isso for acertado, partirei para a campanha do Norte. Eu tenho muito que fazer lá. A luta vai ser muito dura lá.Sou um homem que não gosta de bajular; mas sabe, há muito tempo que penso em você.

Zapata: Igualmente. Aqueles que viajaram para o Norte, as muitas pessoas que passaram por lá, aqueles que se aproximaram de você, podem ter informado que eu tinha grandes esperanças em você. Villa é, eu disse, a única pessoa verdadeira, e a guerra vai continuar, porque no que me diz respeito eles (os homens no poder) não querem consertar nada, e aqui continuarei até o dia que eu morrer, eu e todos aqueles que estão comigo.

Quando a refeição acabou, Pancho Villa se levantou e expressou publicamente seu apoio ao Plano de Ayala, que em termos práticos significava a tão necessária entrega de armas ao Exército do Sul. Zapata deve ter suspirado de alívio ao ouvir as palavras de Villa: "Camaradas!:Você ouvirá as palavras de um homem inculto; mas os sentimentos em meu coração me dizem que você deve ouvir essas palavras. Há muito tempo temos estado na escravidão por causa da tirania. Sou filho de gente humilde. Pode ter a certeza que Francisco Villa nunca trairá as pessoas que sofreram na escravidão. E eu sou o primeiro a dizer que não quero nenhum cargo público. No que diz respeito a todos esses grandes proprietários de terras, estou disposto a apoiar as ideias do Plano de Ayala, para que a terra seja recuperada e o povo trabalhe; o povo tem dado seu trabalho há muito tempo, e aqueles proprietários só querem nos manter na escravidão. Como um homem do povo, sinceramente prometo que nunca trairei sua vontade. Quando eu vir que as perspectivas do meu país melhoraram, serei o primeiro a me aposentar. Venho, senhores, dar-lhes o abraço que desejam de mim. "

Dois dias depois, os dois exércitos entraram na Cidade do México como parte de uma parada triunfal. Os assustados habitantes da capital do país nunca tinham visto uma força militar tão grande, entre os 50.000 soldados de Villa e os 15.000 de Zapata. Os 50 mil soldados de Villa e os 15 mil de Zapata eram dois exércitos totalmente diferentes: o primeiro bem equipado, a cavalo e com uniforme militar; o segundo era humilde, em sua maioria feito de camponeses indígenas em calças brancas de algodão.

Em meio à aclamação popular, Villa e Zapata entraram no Palácio Nacional, sede do poder presidencial. Pancho Villa sentou-se na cadeira presidencial do México no início de dezembro de 1914, mas apenas por alguns segundos, e apenas para tirar uma foto com o amigo Emiliano Zapata. Há uma fotografia histórica tirada por Agustín Casasola dos dois heróis da Revolução dividindo a cadeira presidencial, cercados por seus homens mais próximos, incluindo algumas crianças, e um homem com a cabeça enfaixada.A expressão de Villa, congelada no tempo, mostra que está se divertindo muito. O desconfiado Zapata, que raramente deixava seus domínios do sul, não sorria.

Resultado de imagem para a foto da Villa Zapata

"Sente-se, meu general, por favor", disse Villa a Zapata, tirando o boné e esticando o braço. "Não, você primeiro", disse Zapata."Mas, por favor, a honra é tua", insistiu Villa. "Não, prefiro não sentar", disse Zapata, "porque quando alguém é bom e se senta nesta cadeira, quando se levanta é mau". Foi nesses dias que Zapata se fez fotografar no The Chicago Photo Studio, propriedade de Heliodoro Gutiérrez, no centro da Cidade do México. Gutiérrez tirou a famosa foto de Zapata em pé, com traje de charro e rifle na mão direita e espada na outra. O atônito fotógrafo recebeu a generosa quantia de mil pesos de prata por seu trabalho.

Para os dois dirigentes, a ocasião foi mais uma brincadeira do que a vitória da revolução camponesa, o que de fato foi. Eles não entendiam a magnitude do que estava acontecendo, porque pela primeira vez na história do México os camponeses haviam tomado o poder (Gilly, 2006). No entanto, Villa e Zapata, ambos camponeses repelidos pela cidade e pelos "curros" (os ternos), voltaram aos seus domínios logo em seguida, deixando um virtual ninguém chamado Eulalio Gutiérrez como presidente do México. Ao fazer isso, eles também deixaram passar uma oportunidade histórica e levaria pouco tempo para que outros viessem preencher o vácuo que deixaram.

Gutiérrez

Um deles era Venustiano Carranza, líder da terceira grande facção da Revolução e ex-fazendeiro que lutou contra Díaz e depois se tornou governador de Coahuila, no norte do México. Ele era um político astuto com uma agenda muito mais conservadora do que Zapata ou Villa. Intransigente com seus rivais políticos, assim que sua estrela começou a subir, ele se dedicou a liquidar toda a oposição, a começar por Villa, a quem considerava o maior perigo.

Carranza

Enquanto isso, depois de sentar ao lado de Villa na cadeira presidencial para uma sessão de fotos de cinco minutos, Zapata retirou-se novamente para Morelos. A revolução camponesa, que por um momento teve o país em suas mãos, de repente estava no gelo fino: Villa começou a sofrer derrota após derrota nas mãos dos generais de Carranza, e Zapata ainda era amplamente considerado o Átila do Sul na imprensa, um desesperado supostamente bárbaro e sanguinário.

Dito isso, foi nessa época, enquanto as forças de Carranza estavam ocupadas com Pancho Villa, que o zapatismo pôde implementar seu programa social e distribuir terras entre os camponeses de Morelos. O estado conheceu a paz pela primeira vez em anos. Cidades e vilas renasceram naquele período, de acordo com Womack, um dos mais ilustres biógrafos de Zapata, e os zapatistas eram donos de seu estado. Os camponeses, de posse de suas terras, não semearam mais açúcar ou arroz para as fazendas, mas milho e feijão, grão de bico, cebola, pimenta e até frango. "O povo dos povoados (…) elegeu suas autoridades municipais e confiscou a propriedade. Eles até se recusaram a permitir o corte de madeira para dormentes e combustível, ou para dar permissão para tirar água para as locomotivas. Para os assediados funcionários da Cidade do México, essa foi a obra de camponeses malvados e supersticiosos. Mas os morelianos entendiam a questão de maneira diferente: os antigos contratos com as fazendas e as ferrovias não eram mais válidos; madeira e água agora pertenciam a eles. "(Womack, 1969). Meses depois, os camponeses reabilitaram os engenhos em ruínas. Zapata sabia que o açúcar e o álcool podem ser uma fonte de riqueza para o povo.

Como quis o destino, a utopia zapatista não durou muito.Em 1916, a Divisão Norte de Pancho Villa era uma força esgotada e o chamado Centauro do Norte era um fugitivo, escondido nas montanhas com os restos desencantados de seu outrora poderoso Exército do Norte. Com as mãos livres, o governo de Venustiano Carranza dirigiu então suas armas contra o obstinado Zapata.

No início, Zapata tentou não se preocupar muito. Em Washington, uma conferência multinacional estava sendo organizada para tentar mediar o conflito no México, e ele esperava que um acordo internacional pudesse conter a agressão de Carranza. Mas quando Villa perdeu seus soldados e as negociações em Washington fracassaram, Zapata sabia que seu programa e sua própria vida estavam em jogo.

O opositor general Pablo González avançou para Morelos e não tinha intenção de libertar os povoados. Em Cuautla, por exemplo, González mandou enforcar o padre por considerá-lo um espião zapatista e ordenou a todo o povo do estado que entregasse as armas e entregasse a identidade dos zapatistas. Na cidade de Tlazipán, as forças de Pablo Gonzalez mataram 132 homens, 112 mulheres e 42 crianças. Ele queimou uma aldeia e avançou para a próxima. "No país açucareiro, Zapata resistiu ao general do governo Pablo Gonzalez, que guerreou pelo método da 'terra arrasada' - ele destruiu todos os vilarejos que achou que poderiam abrigar zapatistas, matando todos os homens (Brenner, 1943).

González

Muitos fugiram aterrorizados para o sul, enquanto os zapatistas, que ainda contavam com cerca de 5.000 homens, se dispersaram e voltaram às montanhas para a guerra de guerrilha. Alguns aceitaram a anistia do governo e voltaram aos campos para trabalhar para as fazendas mais uma vez, mas permaneceram fiéis à causa. Para um homem, todos eles permaneceram em silêncio sobre Zapata e o paradeiro de seus chefes.

Apesar de ter um preço pela cabeça, Zapata era uma celebridade internacional, embora poucos estranhos o tivessem visto ou falado com ele. Ele continuou a ser geralmente desconfiado, até mesmo de seus aliados Villistas. Ele tinha porta-vozes e espiões nos Estados Unidos e em outros países, mas eram menos qualificados do que os diplomatas de Pancho Villa.

No início de 1916, um jornalista chamado Guillermo Ojara entrevistou Zapata para o El

Demócrata, um dos jornais mais colaborativos da causa. Depois de muitas dificuldades, o repórter finalmente se viu cara a cara com o lendário Zapata, que estava "vestido com um terno preto simples, mas com um grande diamante em ambas as mãos e uma pesada corrente de relógio de ouro atravessando seu peito e seu cinto cheio de cartuchos e uma pistola automática pendurada no quadril, Zapata se virou para mim, o rosto inexpressivo de um índio de cerca de 50 anos (ele tinha 37) aliviado por olhos notavelmente penetrantes. Sua cabeça era pequena para seu tamanho, seu rosto oval e um pouco mais branco do que o do índio Guerrero médio, traindo assim sua cota de sangue espanhol, mas suas mãos e pés eram grandes, sua boca sob o bigode preto pesado, solto e sensual, embora o queixo fosse firme e as orelhas grandes, mas inseridas perto da cabeça. "

Ojara teve a infelicidade de encontrar Zapata num dia em que o general revolucionário já havia bebido demais. Durante a entrevista, ele se gabou das mulheres e inflou o número de suas tropas (25.000 homens), tentando parecer assustador em um momento em que na verdade precisava de mais apoio. Alguns de seus homens se lembrariam de como seu caráter começou a se tornar mais taciturno e violento. A entrevista revelou parte de seu lado cruel e ingênuo, beirando o retrógrado, traços que os historiadores modernos ocultaram por trás do símbolo. "Estou lutando por três coisas", disse Zapata a Ojara em abril de 1916, "primeiro para libertar todo o México de estrangeiros, especialmente os espanhóis e americanos; segundo, para devolver aos índios suas terras tomadas pelo governo Díaz, o Governo Madero e agora pelo governo Carranza; terceiro, dar ao México um presidente honesto, um governante que fará justiça aos 14 milhões de pobres ".Questionado sobre o que faria se fosse presidente do México - algo que Zapata nunca considerou seriamente - ele respondeu que a primeira coisa que faria seria "expulsar todos os estrangeiros do México", começando pelos americanos."[Então] vou destruir todas as ferrovias, para que não possam voltar. Antes de termos ferrovias, tínhamos alguns estrangeiros, especialmente poucos americanos, e no México éramos felizes.Se não tivéssemos ferrovias agora, teríamos paz e felicidade novamente. O México pode produzir tudo o que precisa, portanto não precisamos de nenhum comércio exterior. O comércio externo sempre foi para o lucro dos estrangeiros e não para o ganho dos mexicanos, então por que devemos permitir isso? "

Sobrecarregado com a notícia de mais desertores (alguns dos quais se tornaram bandidos por não saberem o que fazer), cercado pelo exército federal e abandonado por ex-zapatistas que tiraram a anistia do governo, Zapata conseguiu manter e até revitalizar seu revolução em 1917, mas ele também estava "no meio de uma luta crítica tentando permanecer vivo" (Womack, 1969). Às vezes, ele usava um imitador para participar de eventos públicos em seu lugar, mas as pessoas sabiam melhor porque o dublê era mais baixo do que ele. Alguns desertores saqueavam a região, os povoados reclamavam, e Zapata teve que ordenar a criação de patrulhas, até que finalmente desistiu e informou seu principal conselheiro, Gildardo Magaña, que dali em diante as aldeias teriam que se proteger. Alguns dos homens que fizeram acordos com as tropas federais de Pablo González recorreram ao banditismo para desacreditar o movimento, enquanto outros zapatistas genuínos e desesperados o fizeram para punir as pessoas que os traíram.

"Zapata parece pertencer a algum outro século", The New York Times escreveria mais tarde no início de 1919. "Selvagem, fanfarrão, amante de carregar a sua pessoa com diamantes e ouro, polígamo, patriarca do banditismo, cumpre a ideia do livro e do menino que é ladrão. "Na mesma época, em abril de 1919, González armou uma armadilha para seu esquivo inimigo. Os espiões de Zapata informaram-lhe que um coronel chamado Jesus Guajardo, o soldado mais habilidoso da região, aparentemente teve uma desavença com seus superiores, e Zapata raciocinou que, se tivesse Guajardo com ele, poderia reviver a Revolução. Para tanto, enviou um comunicado secreto convidando-o a se rebelar contra Pablo González e a se juntar às suas tropas, onde será recebido com as devidas honras. Guajardo efetivamente se declarou em rebelião e levou a população de Jonacapetec, onde até atirou em alguns chefes que haviam traído Zapata.

Guajardo

Como se viu, as ações de Guajardo foram uma impostura cuidadosamente planejada. Os espiões de Zapata o alertaram sobre uma possível traição, mas ele ignorou os rumores. Em 10 de abril, ele desceu das montanhas com uma escolta de 30 homens para encontrar Guajardo e seu 50º regimento na fazenda Chinameca. Mais tarde, alguns presumiram que Zapata foi deliberadamente para a morte. Ele estava totalmente fora de seu personagem, "completamente contra o conselho de seus assessores e completamente contra os relatórios de seus espiões. Ao longo de sua carreira, Zapata constantemente pediu cautela. O homem era suspeito por natureza. "(Kent, 2017)

Nos portões da fazenda, Zapata pediu a seus homens que esperassem do lado de fora, então ele entrou com apenas 10 guardas. No pátio, os soldados de Guajardo fizeram fila e um clarim soou três vezes. Quando o instrumento silenciou, todos os homens em formação dispararam seus rifles ao mesmo tempo. Zapata morreu instantaneamente. Ele tinha 39 anos.

O cadáver de Zapata

Zapata Mais Uma Vez

"Desculpem o transtorno, isso é uma revolução."- Subcomandante Marcos, líder da rebelião zapatista de 1994

Após sua morte, o corpo de Zapata foi levado em uma mula para a capital do estado por Guajardo, fotografado várias vezes e exposto em um caixão para que as pessoas ficassem convencidas de que ele estava realmente morto. Muitos não o compraram; disseram que faltava cicatriz no corpo, que os dedos eram diferentes e que o cadáver era na verdade seu sósia. Por muitos anos, os habitantes das montanhas do sul continuaram a insistir que Zapata ainda estava vivo.

Nesse ínterim, jornais da capital comemoravam a morte do "bandido" com grandes manchetes, e suas roupas manchadas de sangue foram expostas na porta de um desses jornais. Na verdade, o general González atirou em qualquer morador que negasse que Zapata tivesse morrido.

No entanto, o revolucionário sulista riu por último.Suas ideias e as de seus intelectuais dominaram o Congresso Constitucional de 1917, que produziu a nova constituição do México e, pelo menos no papel, os ideais redistributivos do Plano de Ayala tornaram-se a política oficial do estado mexicano. Em seu artigo 27, a constituição mexicana ordenava a divisão dos latifúndios, a doação de terras às comunidades que não as dispunham ou não as possuíssem em quantidade suficiente, e determinava que a posse das terras fosse entregue exclusivamente aos mexicanos. Se um estrangeiro possuía bens, deve considerar-se mexicano em relação a esses bens e concordar em não invocar a proteção de seu governo.

Durante anos, os camponeses de Guerrero e Morelos disseram que viram Zapata em noites escuras, cavalgando seu cavalo branco nas montanhas, mas apesar disso, sucessivos governos fizeram as pazes com seu fantasma e o incorporaram à lista dos heróis nacionais. A primeira comemoração da morte do "Mártir da Chinameca" ocorreu apenas cinco anos após o seu assassinato, como forma de o novo governo se legitimar. "O programa agrário de Zapata é meu", disse o presidente Plutarco Elias Calles em 1924. "O herói descansa em paz, seu trabalho está feito."

Calles

Ironicamente, os jornais começaram a escrever sobre Zapata de uma forma muito mais positiva do que durante sua vida. No cenário internacional, a autora mexicana-americana Anita Brenner publicou um livro intitulado The Wind That Swept Mexico para explicar aos leitores americanos o que acabara de acontecer no México, e descreveu Zapata de maneira muito simpática.

Em 1941, uma das primeiras biografias foi publicada, Zapata the Unconquerable por Edgcumb Pinchon, que mais tarde seria adaptada para o cinema como Viva Zapata! um filme aclamado pela crítica em Cannes e Hollywood. Marlon Brando interpretou Zapata depois de estudar cuidadosamente as fotos do falecido líder. Em 1969, a obra clássica de John Womack apresentou Zapata de uma maneira muito mais completa do que até mesmo seus companheiros mexicanos jamais haviam feito.

A admiração por Zapata floresceu em lugares improváveis.Por exemplo, em 1961, um esquadrão da força aérea alemã, o Jagdgeschwader JG 74, adotou "Viva Zapata!"como seu nome de guerra e sua silhueta estampada em seus uniformes. O nome do esquadrão foi reconhecido pelo México em 1971, conferindo oficialmente ao esquadrão o nome de "Viva Zapata" e aos seus pilotos como "zapatistas".

O México também colocou Zapata em murais espetaculares de Diego Rivera e, embora o país tenha realizado uma ampla reforma agrária sob o presidente Lázaro Cárdenas na década de 1930, o México optou por apoiar a industrialização e os centros urbanos às custas da classe camponesa, que passou de crise a crise para o resto do século 20. "Ao se associarem a Zapata durante as comemorações de sua morte, os representantes do estado aparentemente mantinham certa legitimidade no campo em uma época em que a política nacional não beneficiava os camponeses" (Brunk, 1995). As comunidades indígenas eram especialmente vulneráveis durante este tempo.

Setenta e cinco anos após sua morte, camponeses e indígenas do sul do México, especificamente de Chiapas, voltariam a reivindicar a figura de Zapata.Assim como no início do século 20, eles chegaram a um ponto crítico onde não aguentavam mais.Em 1o de janeiro de 1994, os habitantes do México acordaram com a notícia de que um grande grupo de tzotzil, tzeltal e outros índios maias do estado mais pobre do México pegaram em armas e capturaram San Cristobal de las Casas, além de outras sete pequenas cidades. O momento da rebelião não poderia ter sido mais simbólico, porque foi no mesmo dia em que entrou em vigor o Acordo de Livre Comércio da América do Norte entre o México, os Estados Unidos e o Canadá. Para os habitantes indígenas do sul, uma classe desprotegida no México com problemas muito mais urgentes do que "entrar no primeiro mundo", era uma forma de lembrar à nação que eles ainda estavam lá, que se recusavam a desaparecer sob a onda da modernização , e que suas reivindicações ancestrais ainda não haviam sido atendidas.

Armados em muitos casos com fuzis inúteis, com o rosto semicoberto por um pano, indígenas se apresentavam como o Exército Zapatista de Libertação Nacional. Em seu primeiro comunicado, eles pediram justiça, para escolher livremente suas autoridades e para impedir o saque de recursos naturais. Mais de sete décadas após sua morte, Zapata foi o único líder da Revolução de 1910 ainda capaz de convocar não apenas os camponeses indígenas, mas todo o país. Em 1º de janeiro, os novos zapatistas declararam guerra ao exército mexicano e anunciaram sua intenção de avançar para a capital, como o famoso revolucionário fizera tantos anos antes.Mas os novos zapatistas não conseguiram derrotar o exército federal e capturar a Cidade do México.Na verdade, a resposta do estado mexicano foi brutal e eficiente, levando apenas alguns dias para massacrar os zapatistas na batalha em Ocosingo, Chiapas.

Ao fazer isso, o presidente do México, Carlos Salinas, cometeu um terrível erro de cálculo. Os zapatistas despertaram a consciência internacional e abalaram o resto da sociedade mexicana. Após alguns dias de hesitação, a opinião pública mexicana, especialmente na capital, manifestou sua total simpatia aos zapatistas, e milhares de observadores internacionais logo chegaram ao México.

Um ano depois da rebelião, durante uma contra-ofensiva do Exército mexicano, o

Subcomandante Marcos, líder dos novos zapatistas cuja identidade até então era desconhecida porque sempre se apresentava com máscara de esqui e fumando cachimbo, escreveu o seguinte em um de seus comunicações frequentes "das montanhas do sudeste mexicano": "Por um ano a lei dos zapatistas governou as montanhas do sudeste do México. Quando governamos essas terras baixamos a zero o índice de alcoolismo, e as mulheres daqui ficaram muito ferozes e falavam que a bebida só servia para fazer os homens baterem nas mulheres e nos filhos, por isso mandaram que não se bebesse. Também foi proibida a destruição de árvores, foram feitas leis para proteger as florestas, e proibida a caça de animais silvestres, e proibido o cultivo, o consumo e o tráfico de drogas, e essas leis foram cumpridas. A taxa de mortalidade infantil caiu e tornou-se muito pequena.

E nos livramos da prostituição e o desemprego desapareceu assim como a mendicância. As crianças trouxeram doces e brinquedos.

E cometemos muitos erros e muitas falhas.

E também conquistamos o que nenhum outro governo do mundo, independente de sua filiação política, é capaz de fazer com honestidade, que é reconhecer seus erros.Estávamos fazendo isso, aprendendo, quando os tanques e os helicópteros e os aviões e os muitos milhares de soldados chegaram, e disseram que vinham defender a soberania nacional. E eles não ouviram porque o barulho de suas máquinas de guerra os tornava surdos.

E fomos expulsos de nossas terras.

E com os tanques de guerra veio a lei do governo.

E por trás dos tanques de guerra do governo vieram novamente prostituição, bebida, roubo, drogas, destruição, morte, corrupção, doença, pobreza.

E vieram gente do governo e disseram que já tinham restaurado a lei nas terras de Chiapas, com coletes à prova de balas e com tanques de guerra ".

Hoje, para muitos mexicanos, Zapata é um símbolo de orgulho, o tipo de homem que muitos gostariam de ver em momentos em que sua classe política está profundamente desacreditada. Quase cem anos se passaram desde sua morte, mas seu espírito está mais vivo do que nunca. Zapata nunca aprendeu a ler nem a escrever - sempre precisou de uma secretária para escrever suas cartas - mas a clareza de sua visão continua sendo uma de suas qualidades mais admiradas. Em seu último memorando a Pancho Villa, Zapata expressou sua preocupação em encontrar um líder que unificasse todas as facções, já que o presidente Woodrow Wilson estava pressionando por isso a fim de ser capaz de reconhecer seu governo. "Devemos escolher a pessoa com princípios mais saudáveis, alguém perfeitamente identificado com os ideais da Revolução para que não acabemos em fracasso, esforços inúteis, vidas perdidas, tempo decorrido e muito sangue derramado". Muitos historiadores concordam que se Zapata estivesse interessado no poder, ele poderia ter feito muito mais, mas ele se sentiu desconfortável em tal posição.

Louvado hoje como um símbolo da resistência camponesa e um lutador social, Zapata foi perseguido ferozmente na vida, como um fora da lei sem qualquer anistia. Quando puderam, os sucessivos governos não hesitaram em aplicar toda a brutalidade contra os zapatistas e suas aldeias, inclusive mulheres e crianças - aos habitantes da capital do país não passavam de semibárbaros. Mas Zapata, rodeado por alguns intelectuais de esquerda, socialistas e ex-anarquistas, conformava a facção ideologicamente mais avançada e progressista da Revolução Mexicana. "Quero morrer escravo dos princípios, não dos homens" e "A terra é de quem a trabalha com as mãos" são palavras que lhe são atribuídas, embora fosse semianalfabeto e tivesse que ditar todas as suas cartas. Nesse sentido, suas palavras foram mais alarmantes do que as conquistas militares que seu Exército de Libertação do Sul realizou em um curto período de tempo. A inspiração de Zapata foi tão perigosa que quando o governo finalmente o emboscou e o matou, as autoridades colocaram todos os habitantes de sua região em uma fila para que pudessem vigiar seu corpo.

Além de seus soldados indianos vestidos com roupas brancas que deram origem a uma verdadeira revolução popular, ele não tinha aliados. Outros generais ganharam alguma respeitabilidade; mas quanto a Zapata, a sociedade de seu tempo o considerava um obstáculo à pacificação do país, no melhor dos casos; na pior, o "Átila do Sul", um mulherengo e estuprador em torno do qual se teciam histórias bizarras. Houve uma exceção notável:Francisco Villa, o outro grande líder da Revolução Mexicana, que viu nos ideais de Zapata o que provavelmente ele não poderia formular. Desde o início da guerra civil, Villa e Zapata foram os símbolos da Revolução, heróis populares, mitos vivos, as duas faces da mesma moeda, expressão da mesma fúria de um país ofendido. Mas sob outra perspectiva, eles eram os lados opostos da moeda. Villa veio do norte, Zapata do sul. Villa era impulsivo, carismático, o queridinho da mídia americana, um bom diplomata e imensamente popular; Zapata era esquivo e taciturno, sem nenhuma habilidade diplomática real e bastante temido pelas pessoas além do estado de Morelos.

Ele raramente era visto, fotografado ou filmado; ele abominava a cidade e a política, que considerava um ninho de víboras. Para entrevistá-lo, os repórteres precisam passar por diversos pontos de detenção e percorrer estradas inacessíveis nas montanhas. Zapata era, no melhor sentido, um ser humano limitado por sua própria condição e tempo; ele demonstrou um interesse quase exclusivo por sua região e focou em um único ideal, a terra. Ao contrário de Pancho Villa e Venustiano Carranza, Zapata não se interessava por um programa nacional que beneficiasse todas as classes sociais, sua única bandeira era Reforma Agrária, Terra e Liberdade para os camponeses. Mas ao contrário de outros líderes revolucionários, que nunca desceram do cavalo e nunca largaram o rifle, Zapata materializou sua utopia em sua pequena região do país, pelo menos temporariamente: expulsou os latifundiários e os poderosos, distribuiu as terras e os meios de produção entre os camponeses, e deixou clara sua intenção de esmagar qualquer oposição com seu exército camponês.

Também é verdade que os zapatistas cometeram atos de banditismo, e Zapata às vezes parecia tolerar destruição e pilhagem, mas isso foi considerado pelos historiadores como a última fase da resistência camponesa. Se segundo a imprensa mexicana Zapata era uma força destruidora, seu ponto de vista era o de uma classe explorada que havia chegado ao limite: "Não se pode chamar uma pessoa de bandido que, fraco e indefeso, foi despojado de sua propriedade por alguém forte e poderoso e, agora que não pode mais tolerar, faz um esforço sobre-humano para recuperar o controle sobre o que costumava pertencer a ele", ele disse uma vez. As balas dos poderosos acabaram com sua vida, talvez porque seu programa fosse radical demais. Executado pelo mesmo regime que mais tarde se apropriou de sua imagem, Zapata não viveu para ver a implantação da reforma agrária no México, mas sua memória, quase convertida em figura de culto, continuou a lançar uma grande sombra ao longo do século 20.

"Para encerrar, uma comparação pode ser útil", escreveu o biógrafo de Zapata, Samuel Brunk, em 1998. "Na Rússia, as estátuas de Lenin foram recentemente derrubadas quando outro partido revolucionário entrincheirado, e o sistema que o perpetuou, perdeu o poder. Não é provável que esse seja o destino dos monumentos a Zapata. Os mexicanos aprenderam a pensar com Zapata, não apenas sobre ele, e isso parece prometer que sua carreira póstuma será longa ".

Fontes da Web

Outros Livros Sobre o México por Charles River Editors

Outros Livros Sobre Zapata na Amazon

Bibliografia

Brenner, Anita, (1943). *The wind that swept Mexico.* USA: Harper & Brothers.

Brunk, Samuel (1995). *Emiliano Zapata: Revolution & Betrayal in Mexico.* University of New Mexico Press, New Mexico.

__________ (1998). *Remembering Emiliano Zapata: Three Moments in the Posthumous Career of the Martyr of Chinameca*, in The Hispanic American Historical Review, Vol. 78, No. 3, pp. 457-490. Duke University Press.

Camacho Sandoval, Salvador (1991). *Los intelectuales de la Revolución Mexicana: Una entrevista a Friedrich Katz.* Nexos Magazine. Retirado em 20 abril de 2017 de http://www.nexos.com.mx/?p=6236

Cerda, Luis, (1991). *¿Causas económicas de la Revolución Mexicana?* Revista Mexicana de Sociología Magazine, Vol. 53, No. 1, pp. 307-347. Mexico: UNAM.

Gilly, Adolfo, (2006). *The Mexican Revolution*. USA: The New Press.

Katz, F. (1988). *The Life and Times of Pancho Villa*. Stanford University Press. Stanford, California.

Kent, Emerson (2017, April 24). *Expert in Guerrilla Warfare for Mexican Land and Liberty*. Retirado de http://www.emersonkent.com/history_notes/emiliano_zapata.htm

Magaña, Gildardo, (2014). *Emiliano Zapata y el Agrarismo en México* (Selección). Mexico: Biblioteca del Pensamiento Legislativo y Político Mexicano, Congreso de la Unión.

Ulloa, Berta, (1998). *La lucha armada*, Historia General de México, Volume 2. Mexico: El Colegio de México.

Womack, John (1969). *Zapata and the Mexican Revolution*. Vintage: USA.

Livros Gratuitos da Charles River Editors

Temos diversos títulos totalmente gratuitos todos os dias. Para ver os títulos gratuitos disponíveis no momento, clique neste link.

Livros com Descontos Especiais da Charles River Editors

Temos títulos com descontos especiais no valor de apenas 99 centavos todos os dias! Veja os títulos disponíveis com este desconto, clique neste link.